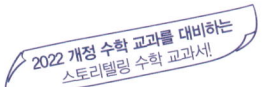

앨런, 분수와 소수로 악당 히틀러를 쫓아내라

초등 3·4학년 수학동화 시리즈 ❽
앨런, 분수와 소수로 악당 히들러를 쫓아내라(개정판)

2판 3쇄 발행 2025년 4월 22일

글쓴이 정영훈
그린이 장인옥

펴낸이 이경민
펴낸곳 ㈜동아엠앤비
출판등록 2014년 3월 28일(제25100-2014-000025호)
주소 (03972) 서울특별시 마포구 월드컵북로 22길 21, 2층
홈페이지 www.moongchibooks.com
전화 (편집) 02-392-6901 (마케팅) 02-392-6900
팩스 02-392-6902
전자우편 damnb0401@naver.com
SNS

© 정영훈, 장인옥

ISBN 979-11-6363-770-7 (74410)
   979-11-6363-750-9(세트)

※ 책 가격은 뒤표지에 있습니다.
※ 잘못된 책은 구입한 곳에서 바꿔 드립니다.

 도서출판 뭉치는 ㈜동아엠앤비의 어린이 출판 브랜드로, 아이들의 지식을 단단하게 만들어 주고, 아이들의 창의력과 사고력을 키워 주어 우리 자녀들이 융합형 창의 사고 뭉치로 성장할 수 있도록 좋은 책을 만들겠습니다.

초등 3·4학년
수학동화
8

2022 개정 수학 교과를 대비하는
스토리텔링 수학 교과서!

✓ 분수의 덧셈과 뺄셈하기
✓ 소수의 덧셈과 뺄셈하기
✓ 단위분수의 크기 비교하기

앨런, 분수와 소수로
악당 히틀러를 쫓아내라

글 정영훈 • 그림 장인옥 • 감수 계영희

뭉치
MoongChi Books

추천의 글

　우리 자녀가 수학도 잘하고, 언어도 잘하면 얼마나 좋을까요? 지름길이 있어요! 바로 동화 속에서 수학을 만나는 것이지요. 수리적인 우뇌와 언어영역인 좌뇌의 성장을 골고루 촉진하는 방법은 바로 스토리텔링으로 하는 수학, 수학동화니까요.

　아이들이 그동안 알고 있던 동화의 주인공들이 모두 등장하여 화려하고 역동적인 무대가 펼쳐진답니다. 별주부전의 용왕님과 자라, 코가 길어졌던 피노키오, 착한 콩쥐와 심술쟁이 팥쥐, 새엄마와 언니들한테 괄시받다가 왕자님과 결혼한 신데렐라, 가난했지만 착했던 흥부, 빨간 구두의 소녀 카렌 등 많은 동화 속의 주인공들이 등장하여 이야기를 흥미진진하게 이끌어 가지요. 어렸을 적에 동화 속에서 만났던 주인공들의 이야기는 학습이 이루어지는 시냅스의 연결망에 흔적을 남기고, 훗날 교과서에서 수학을 배울 때 시냅스의 연결망이 자연스레 작동을 하게 되는 거죠.

　책 사이사이에 있는 Tips는 부모님들에게도 교양서의 역할을 톡톡히 할 것입니다. 아이돌 가수의 수는 왜 홀수일까? 옛날 이집트인의 계산법, 공평하게 케이크를 나누는 방법 등을 배울 수 있어요.

한편 2022년 개정 수학교과 과정에서는 수와 연산, 변화와 관계, 도형과 측정, 자료와 가능성 등 4개 영역으로 통합하였습니다. 이는 초등과 중등의 연계성 강화입니다. 〈초등 3·4학년 수학동화〉 시리즈는 교과 과정 변화에도 공통적으로 성취해야 할 수학 학습 내용이 모두 들어 있습니다. 부모님이 읽은 후 인지하여 서서히 생활 속에서 아이들과 대화를 이끌어 나가면 중학 수학, 고등 수학에서도 유능하고 현명하게 소통하는 부모의 역할을 충분히 잘할 수 있답니다.

현재 세계 수학 교육의 방향을 선도하며 영향력을 미치는 기구로 1920년에 수학 교육 전문가들로 구성된 미국수학교사협의회(NCTM, The National Council of Teachers of Mathematics)가 있습니다. 21세기 인재 양성을 위해 NCTM에서 제시하는 수학 교육의 목표는, 수학적 문제를 해결하는 사람, 수학적으로 의사소통하는 사람, 수학적으로 추론하는 사람입니다. 부디 자녀와 학부모에게 수학적으로 소통할 수 있는 가교 역할을 하기를 기대하면서 이 책을 추천합니다.

계영희

고신대학교 유아교육과 명예교수, 전 한국수학사학회 부회장

작가의 말

　2004년, 「어린이 과학동아」를 창간하면서 어떻게 하면 어린이들이 과학을 재미있어 할 수 있을까 하는 고민을 많이 했어요. 그래서 아이들이 좋아하는 만화를 과학과 결합시켰죠. 만화라는 프레임에 과학이라는 콘텐츠의 결합, 특히 지루한 만화가 아닌 아이들 눈높이에 맞도록 재미있는 만화를 만드는 데 많은 노력을 했어요. 단순하고 평범한 스토리는 아이들이 금방 눈치채고 금방 책장을 넘겨 버리기 때문이죠. 갈등, 클라이맥스, 반전 등 스토리를 탄탄하게 짜 최고의 만화가를 붙였고, 결과는 대성공이었어요. 독자 아이들은 「어린이 과학동아」에 눈을 떼지 못했고, 책꽂이에 꽂아 놓고 보고 또 봤어요. 책 속 내용을 달달 외우는 독자들도 있었고, 부모님의 만족도도 높았지요.

　이에 자신감을 얻은 필자는 수학에 도전했어요. 수학을 재미있게 만들면 수학을 포기하는 아이들이 줄어들 것이라고 확신했기 때문이죠. 그래서 「수학동아」를 창간하자고 아이디어를 냈고, 드디어 대한민국 최초의 수학 잡지가 세상에 나왔답니다.

　수학을 어렵게만 배우다 보니 실제로 수학이 어떻게 쓰이는지 모르는 아이들이 많지만, 실제로 학교를 끝마치고 생활 속으로 들어오면 수학이 쓰이는 곳이 정말 많아요. 또한 수학적 사고를 하지 않으면 어른이 되어서도 가정생활부터 시작해서 직장 생활까지 손해를 보는 게 한두 가지가 아니지요.

　그래서 '생활 수학', '스토리텔링 수학'을 「수학동아」의 모토로 삼고 열심히 만

들었답니다. 이 모토가 교육부의 수학 정책에 반영됐는데, 수학을 생활 속에서 재미있게 스토리를 붙여 풀어 보자던 원래 의도와는 달리 대다수 문제집은 수학에 생활을 억지로 갖다 붙여 스토리가 이리저리 꼬인 복잡한 문제들을 담고 있는 경향이 있었어요. 그 결과 아이들은 수학을 더 어렵게 여기게 된 것 같아요. 어른들은 정말 아이들의 눈높이를 너무 모르는 것이었죠.

이 책에서 필자는 무엇보다 재미있는 스토리에 많은 중점을 뒀어요. 먼저 여러분이 이 책에 담긴 이야기를 재미있게 읽도록 하는 것이 목적이에요. 그 다음 이야기 속에서 나오는 수학으로 문제를 해결하는 걸 보고 '수학이 참 유용한 것이구나!'라고 느끼며 수학적 지식이 여러분의 머릿속으로 자연스럽게 들어가도록 하는 것이 다음 목표예요.

앨런은 천재 수학자인 실제 인물이에요. 그가 만든 암호 해독기가 나치 독일군의 암호를 풀어서 제2차 세계 대전을 승리로 이끌었지요. 그가 만든 암호 해독기는 컴퓨터의 시초가 되어 앨런을 '컴퓨터의 아버지'라고도 해요. 그의 어린 시절에 『장화 신은 고양이』 동화를 결합시켰어요. 시간의 축을 이동하여 미래의 악당을 불러오기도 했지요. 갈등과 클라이맥스 그리고 반전을 가미해 이야기의 흥미를 최대한 끌어올리려 노력했답니다. 여러분이 이 책을 다 읽고 정말 재미있었다며 미소 지은 후, 마지막 페이지를 덮는 순간 '분수와 소수가 이렇게 쓸모가 많구나!'라고 느끼기를 기대해도 되겠죠?

수학 교과서에 맞는 활용법

　2012년 1월 교육과학기술부는 사고력과 창의력을 키우고, 수학에 대한 흥미와 긍정적 인식을 높이기 위한 〈수학교육 선진화 방안〉을 발표하였습니다. 이 수학교육 선진화 방안의 일환으로 '스토리텔링 수학'이 도입되었습니다. 개정된 수학 교과서는 형식은 스토리텔링 수학을, 내용에서는 실생활 연계 통합교과형(STEAM) 수학을 보여주었습니다.

　스토리텔링 수학의 핵심은 수학을 단순히 연산능력이나 공식 암기로 생각하지 않도록 이야기를 활용해 쉽고 재미있게 배운다는 것입니다. 학생들에게 실생활이나 동화의 익숙한 상황을 제시해 수학에 대해 호기심과 흥미를 유발할 뿐 아니라, 더 나아가 수학에 대한 인식을 개선하고 스스로 학습하는 동기를 부여합니다. 예를 들어 수학을 실생활에서 이야기나 과학, 음악, 미술 등의 연계 과목과 함께 접목해 설명하면서 개념을 보다 쉽게 이해하게 하는 학습법입니다.

　이후 2022 개정 교육과정이 발표되었습니다. 수학 교과서가 검정으로 바뀐 뒤 학교마다 다른 교과서를 사용하지만 기본적으로 꼭 알아야 할 성취 기준은 공통입니다. 또한 초중등 수학의 목표는 '초등과 중등의 연계성 강화'입니다. 이를 위해 교과 영역을 통합하고 과정을 간소화합니다. 즉 크게 수와 연산, 변화와 관계, 도형과 측정, 자료와 가능성 등 4개 영역으로 통합하였습니다. 하지만 여전히 단원 시작은 스토리텔링을 통해 학생들의 호기심과 흥미를 유발합니다.

그럼 스토리텔링 수학은 어떻게 준비해야 할까요? 전문가들은 일상에서 수학적 요소를 파악하는 것에 재미를 느낄 수 있도록 체험 활동과 독서 활동을 추천합니다.

「초등 3·4학년 수학동화」 시리즈는 이러한 수학교육의 변화에 맞춘 학습 동화입니다. 아이들에게 익숙한 명작동화나 전래동화의 주인공들과 저명한 수학자의 이름을 가진 주인공들이 동화나라를 구하기 위해 여러 가지 모험을 펼치는 이야기로 주인공들을 따라가다 보면 자연스럽게 학습 내용을 익히도록 구성되었습니다. 또한 한 장이 끝날 때마다 앞에서 배운 내용들을 정리하고, 책 속 부록인 '역사에서 수학 읽기', '생활 속에서 수학 읽기', '체육에서 수학 읽기' 등은 생활 연계 통합교과형 수학에 부합하도록 구성되어 있습니다.

「초등 3·4학년 수학동화」 시리즈는 수학을 좀 더 재미있고 쉽게 배울 수 있는 최적의 수학 동화 시리즈입니다. 동화 속 주인공들과 함께 신나는 모험을 떠나 보세요. 그러면 자신도 모르는 사이에 수학 개념과 문제 해결 방법을 깨닫고 수학에 흥미를 가지게 될 것입니다.

편집부

친구들을 소개할게요.

앨런

앨런 튜링은 암호 해독기를 만들어 제2차 세계 대전을 승리로 이끈 유명한 수학자예요. 어릴 적 앨런은 수학은 잘하지만 소심하고 외로운 어린이예요. 미래로부터 온 매씨와 함께 동화 나라에서 활약을 펼쳐요.

히들러

미래에서 나치가 보낸 비밀 경찰이에요. 앨런이 암호 해독기를 만들지 못하도록 앨런을 없애는 게 임무지요. 무섭고 차가워 보이지만 알고 보면 허술한 악당이랍니다.

매씨

앨런을 지키기 위해 연합군에서 보낸 탐지견이에요. 앨런을 동화 나라로 피신시켜요. 고양이인 호날도와 호시탐탐 다투지만 나중에는 둘도 없는 사이가 돼요.

호날도

장화 신은 고양이 호날도는 동화 나라의 주인공이에요. 주인 한스를 위해서 충성을 다하지요. 꾀는 많지만 수학은 잘 못 해서 앨런과 매씨에게 매번 도움을 청해요.

한스

호날도의 주인이에요. 착한 심성과 훤칠한 외모 덕분에 공주가 한스에게 한눈에 반해요.

마법사

동화 나라에서 농부들을 괴롭히는 못된 악당이에요. 히들러와 함께 앨런과의 수학 대결을 펼쳐요.

차례

추천의 글 · 4
작가의 말 · 6
수학 교과서에 맞는 활용법 · 8
친구들을 소개할게요 · 10

이야기 하나 앨런을 찾아 미래에서 온 매씨 · 14
📖 분수와 소수

이야기 둘 분수를 통해 유산을 물려받은 삼형제 · 34
📖 분수와 소수

이야기 셋 분수를 이용해 꿩을 잡아라 · **46**
　📖 분수의 덧셈과 뺄셈

이야기 넷 분수로 농부를 도와준 앨런 · **66**
　📖 분수의 덧셈과 뺄셈

이야기 다섯 소수로 마법사와 히들러를 이기다 · **88**
　📖 소수의 덧셈과 뺄셈

오늘도 앨런은 학교에서 쓸쓸히 집으로 돌아가고 있었어요. 친구들은 여러 명 짝을 지어 왁자지껄 떠들며 지나가는데, 앨런은 늘 혼자였지요. 오늘따라 앨런의 어깨가 유독 처져 보였어요.
"휴……, 왜 그런 답을 했을까……?"

앨런은 오늘 수학 수업 시간을 생각했어요. 오늘은 덧셈을 배우는 날이었어요. 선생님은 칠판에 '☐ + ☐ = 2'라고 적고 아이들에게 물었어요.

"자, 여기 ☐ 안에 어떤 수가 들어가야 하는지 아는 사람?"

반장 스미스가 손을 들어 답을 얘기했어요.

"1이요. 1+1=2니까 1이 들어가요."

"맞아, 스미스. 잘 맞혔어. 또 다른 사람? 다른 수가 들어갈 수도 있어."

"2랑 0이요. 2+0=2예요."

반에서 공부를 가장 잘하는 앨리스가 대답했어요. 선생님은 흐뭇한 표정을 지었어요.

"정답이야. 앨리스는 참 똑똑하구나. 1뿐만 아니라 0을 사용해서 2+0=2와 같이 덧셈식을 만들 수도 있어. 잘 알겠지?"

그때 앨런이 불쑥 손을 들었어요.

"선생님, 더해서 2가 되는 수가 더 있는데요?"

순간 선생님의 얼굴이 굳어졌어요. 그리고 긴장이 되는지 이마에 땀방울이 송골송골 맺혔어요.

"뭐, 뭐라고? 답이 더 있다고? 앨런, 또 무슨 헛소리를 하려는 거니?"

앨런은 질문을 할 때마다 당황해 하는 선생님께 죄송스러운 마음이 들었어요. 그래서 질문을 하지 말까 생각했지만 앨런은 궁금한 건 못 참는 성격이라 어쩔 수 없었어요.

"분수를 넣으면 $\frac{1}{2} + \frac{3}{2} = 2$이고요. $\frac{2}{3} + \frac{4}{3} = 2$이고, $\frac{3}{4} + \frac{5}{4} = 2$도 있어요."

앨런은 계속해서 말했어요.

"또, 소수를 넣으면 0.2+1.8=2이고요. 0.3과 1.7을 더해도 2가 돼요. 더해서 2가 되는 수는 끝도 없이 많은 것 같아요. 그렇죠, 선생님?"

앨런의 말이 끝나자마자 선생님의 얼굴은 홍당무가 됐어요.

분수와 소수

일상생활에서 사과를 한 개, 두 개, 피자를 한 판, 두 판, 색종이를 한 장, 두 장 이렇게 세지요? 그런데 그만큼 자주 쓰는 것이 '사과 반쪽', '피자 반 조각', '색종이 반으로 접기'와 같이 '반'이 들어간 말이에요. 우리는 이렇게 1(하나)이 안 되는 것을 $\frac{1}{2}$, $\frac{1}{3}$, $\frac{1}{4}$, ……과 같은 수로 나타내는데, 이런 수들을 바로 분수라고 해요. 여기서 $\frac{1}{2}$은 반을 뜻하고, 2분의 1이라고 읽어요.

아, 물론 분수는 1보다 큰 수를 나타낼 수도 있답니다.

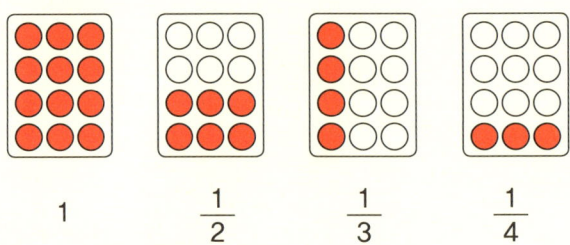

분수와 마찬가지로 소수도 1(하나)이 안 되는 수를 나타내는 방법 중 하나예요. $\frac{1}{2}$은 0.5, $\frac{1}{5}$은 0.2, $\frac{1}{10}$은 0.1로 써요.

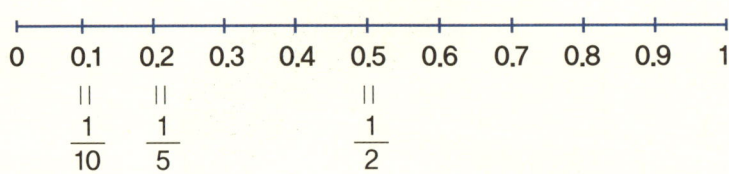

"앨런, 아직 분수와 소수는 배우지도 않았잖아! 그걸 벌써 얘기하면 어떡하니? 다음에 선생님이 차차 가르쳐 줄게!"

선생님은 매번 이렇게 당황하며 얼버무리는 자신이 속상했어요. 그리고 수학 시간마다 엉뚱한 질문을 해서 진땀이 나게 만드는 앨런이 얄미웠지요.

"오늘 수업은 여기까지. 나머지 문제는 숙제로 해 오렴. 오늘은 숙제 안 내려고 했는데, 앨런의 엉뚱한 질문 때문에 더 이상 수업을 못 하겠구나."

선생님은 죄 없는 다른 학생들에게 화풀이를 했어요. 그러자 아이들은 모두 원망의 눈빛으로 앨런을 쳐다봤어요. 앨런은 얼굴이 빨개지면서 어디 쥐구멍이라도 있으면 숨고 싶은 심정이었어요.

'휴, 선생님을 곤란하게 하려고 한 건 아니었는데…….'

앨런은 가슴이 답답했어요. 질문할 때마다 선생님을 당황스럽게 한 적이 한두 번이 아니었거든요. 그래도 궁금한 건 정말 참을 수가 없었어요. 집으로 향하는 발걸음이 모래주머니를 찬 것처럼 무거웠지요.

그때였어요. 갑자기 마른하늘에 번개가 번쩍 치기 시작했어요. 깜짝 놀란 앨런은 중심을 잃고 골목 한쪽에 넘어졌어요. 정신을 차려 보니 저만치에 웬 개 한 마리가 맹렬하게 앨런을 향해 달려오고 있는 거예요!

"멍멍멍, 멍멍!"

앨런은 깜짝 놀라 달아나기 시작했어요. 그렇지 않으면 금방이라도 개가 쫓아와서 앨런을 덮칠 것 같았어요.

"으악, 앨런 살려!"

죽을힘을 다해 달리고 또 달려도 개는 끝까지 쫓아왔어요. 그때 어떤 담벼락에 있는 개구멍을 발견했어요. 앨런은 잽

싸게 엎드려 그 구멍으로 들어가 몸을 숨겼어요.

아뿔싸! 개도 구멍으로 쫓아 들어오는 게 아니겠어요?

"위이잉, 위잉!"

그 순간 블랙홀처럼 앨런과 개는 4차원 공간으로 빨려 들기 시작했어요. 마치 우주 공간에 둥둥 떠 있는 것 같더니 앨런은 서서히 잠에 빠지고 말았어요.

"짹! 짹짹!"
상쾌한 새소리에 앨런은 잠에서 깨어났어요.
"아, 개운해! 이런 꿀잠은 처음이야."
앨런은 한숨 잘 잤다는 듯 늘어지게 기지개를 켜며 한쪽 눈을 떴어요.
"으악!"

개의 얼굴에 사람의 몸을 가진 괴물이 자기를 뚫어지게 쳐다보고 있다는 걸 깨닫고 앨런은 혼비백산했어요. 그리고 황급히 달아날 준비를 했지요.

"기다려!"

갑자기 개가 앨런의 손을 붙잡았어요. 생각보다 손이 따뜻했어요. 그리고 부드러운 목소리로 말했어요.

"나는 나쁜 사람이 아니야."

그제야 앨런이 개를 똑바로 쳐다봤어요. 꼼꼼히 보니 그렇게 사납게 생기지는 않았어요.

"사람이 아니고 개겠죠."

"그, 그래······. 나쁜 개가 아냐."

"그럼 도대체 정체가 뭐예요? 여긴 또 어디고요?"

"나는 20년이 흐른 미래의 너, 앨런 튜링을 지키기 위해 연합군에서 보낸 탐지견 매씨라고 해."

"매실?"

"매실이 아니고 매씨라고. 남의 이름 가지고 장난치지 마!"

"장난치려고 한 게 아니라······."

앨런이 사과하려고 하자 그건 중요한 게 아니라는 듯 매씨는 다급하게 계속 얘기를 했어요.

"놀라지 말고 잘 들어. 지금으로부터 약 20년 뒤에 전쟁이 일어나. 나치라는 집단이 정권을 잡은 후 세계 대전을 일으킨 거야. 그리고 어려운 수학 공식으로 암호를 만들어 유럽 전역에 있는 나치 군사에게 명령을 내리고 있지."

앨런은 매씨의 얘기가 황당하면서도 흥미롭기도 했어요.

"영국을 포함한 연합군에서는 암호를 풀 수 없으니까 계속 지기 시작했고, 유럽 모두 나치의 군홧발에 놓이게 되었어."

"큰일이네요!"

"그런데 그 암호를 푼 영웅이 나타난 거야."

영웅이 나타났다는 말에 앨런은 기뻐서 박수를 쳤어요.

"야호! 정말 다행이네요. 그 영웅이 누구예요?"

"바로 너야."

"……."

앨런은 자신이 영웅이라는 말을 듣자마자 몸이 돌처럼 굳어졌어요.

"나치가 너를 없애기 위해서 타임머신을 통해 비밀 경찰인 '히들러'를 보냈어. 그래서 연합군에서는 너를 지키기 위해 급하게 나를 보낸 거야. 난 너를 여기 동화 나라로 피신시킨 거고."

이때 하늘에서 천둥소리가 기분 나쁘게 들려왔어요.

"쿠쿠쿵, 쿠쿵!"

"벌써 히들러 그놈이 도착한 것 같군. 그런데 히들러는 우리가 이곳 동화 나라로 숨은 걸 아직 모를 거야. 일단 여기 숨어서 놈이 허탕하고 돌아갈 때까지 기다리자."

앨런은 돌아가는 상황을 이해하기 힘들었지만, 일단 매씨를 따라나서기로 했어요.

앨런 튜링

주인공 앨런은 실제 인물이에요. 1912년 영국에서 태어난 앨런 튜링(Alan Turing)은 어려서부터 수학 천재였지요.

훗날 복잡한 수학 공식으로 이뤄진 나치의 암호를 해독해 세계를 구하는 수학자가 돼요. 앨런이 끊임없이 연구해서 만든 기계를 '봄베'라고 하는데, 결국 이 기계가 나치의 암호를 풀게 되지요. 또한 이 기계가 바로 컴퓨터의 시초랍니다. 그래서 앨런 튜링을 '컴퓨터의 아버지'라고도 불러요.

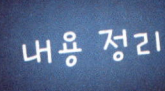

제2차 세계 대전 때 암호 전쟁은 어떤 전쟁이었나요?

히틀러가 이끄는 나치는 독일의 발달된 과학과 수학 지식을 이용해 탱크와 잠수함 등 최첨단 군사 무기를 만들어 유럽을 장악하려고 했어요. 나치군은 초반에 연승을 거두는데, 특히 '에니그마'라는 이 암호 기계가 큰 역할을 했어요. 이 기계를 통해 나치군은 유럽 전역에서 동시다발적으로 작전을 수행한 반면, 암호를 해석하지 못한 연합군에서는 나치의 공격에 속수무책으로 당할 수밖에 없었지요.

에니그마

에니그마가 만들어 내는 수수께끼 같은 암호의 수는 백만 가지가 넘었으며, 특히 24시간 안에 암호문을 완전히 해독하지 못하면 다시 새로운 걸로 바뀌어 그 시간에 푼 암호 해독은 아무런 쓸모가 없었답니다.

이 에니그마를 해독한 수학자가 바로 앨런 튜링이에요. 그는 정교한 암호 해독 기계인 '봄베'를 만들었고, 24시간 안에 에니그마의 암호를 완전히 해독했어요.

그 결과 독일 잠수함의 공격을 훤히 꿰뚫어 볼 수 있었고, 연합군에서는 히틀러와의 대서양 전투에서 크게 승리하여 제2차 세계 대전을 2년 앞당겨 끝냈어요. 이로써 1,400만 명의 목숨을 건질 수 있었다고 해요.

봄베

이야기 둘

분수를 통해 유산을 물려받은 삼형제

📖 분수와 소수

옛날 옛적 동화 나라의 어느 마을에 방앗간이 하나 있었는데, 이 방앗간에는 삼형제가 살았어요. 아버지가 돌아가실 때가 되자 삼형제를 불렀어요.

"얘들아, 아버지 재산이 이 방앗간과 당나귀 그리고 고양이밖에 없구나. 이걸 너희들에게 물려주겠다."

사실 고양이는 재산이라고 할 수 없었어요. 그러나 아버지는 자식들이 유산 때문에 싸우지 않을까 걱정해서 죽기 전에 재산을 나눠 주기로 했어요.

"수학 문제를 내서 공평하게 재산을 나눠 주겠다. 세 분수 $\frac{1}{2}$, $\frac{1}{5}$, $\frac{1}{8}$ 중에서 가장 큰 수를 고르는 아들은 방앗간을, 그 다음 큰 수를 고르는 아들은 당나귀를, 제일 작은 수를 고른 아들은 고양이를 가지거라."

아버지는 분수 문제를 내서 세 아들에게 재산을 물려주기로 했어요. 떡을 담는 작은 나무통에 각각 $\frac{1}{2}$, $\frac{1}{5}$, $\frac{1}{8}$ 을 표시해서 고르도록 했지요.

"누구부터 고를래?"

"제가 먼저 고를게요."

욕심 많은 큰아들이 손을 번쩍 들었어요. 그리고 $\frac{1}{2}$이 적힌 나무통을 가리켰지요.

"아버지, 저는 $\frac{1}{2}$을 고르겠어요."

큰아들은 학교를 가장 오래 다녀서 $\frac{1}{2}$이 제일 크다는 것을 알고 있었어요. 큰아들은 만족한다는 듯이 입가에 미소를 지었지요.

다음은 욕심은 많지만 머리가 나쁜 둘째 아들이 $\frac{1}{8}$이 적힌 나무통을 가리켰어요.

"저는 $\frac{1}{8}$을 고르겠어요."

둘째는 2와 5보다 8이 더 큰 수라서 $\frac{1}{8}$을 선택했어요. 혹시 자기가 가장 큰 수를 고른 게 아닐까 내심 기대하는 표정이었지요. 그러자 착한 막내가 둘째에게 말했어요.

"형, 나 같으면 $\frac{1}{5}$을 고르겠어."

"뭐?"

"그게 더 큰 수인 것 같아."

"정말?"

평소 똑똑하고 착한 막내가 하는 말에 둘째는 화들짝 놀랐어요. 하지만 만일 일부러 자기에게 거짓말한 것이라면 나중에 막내 것을 빼앗으면 그만이라고 생각했지요.

"잠깐만요, 아버지! 저 $\frac{1}{5}$로 바꾸겠어요."

아버지는 한없이 착하기만 한 막내가 불쌍해서 눈물이 났어요. 자기가 죽으면 막내를 누가 보살필지 너무 걱정됐지만 어쩔 수 없었지요. 결국 막내는 남은 $\frac{1}{8}$을 골랐어요.

분수의 크기

분수는 분자와 분모로 이루어져 있어요. 위에 있는 수를 분자, 아래에 있는 수를 분모라 하고, 다음과 같이 표기해요.

$$\frac{분자}{분모}$$

분자가 같으면 분모가 클수록 분수는 점점 작아져요. 넓적하고 동그란 떡을 칼로 나눈다고 생각하면 쉽게 이해될 거예요. $\frac{1}{2}$은 떡을 똑같이 두 조각 냈을 때, $\frac{1}{5}$은 떡을 똑같이 다섯 조각 냈을 때, $\frac{1}{8}$은 떡을 똑같이 여덟 조각 냈을 때의 한 조각 양을 뜻해요. 그러니까 당연히 $\frac{1}{2}$조각이 가장 크고 $\frac{1}{5}$조각이 두 번째로 크며, $\frac{1}{8}$조각이 가장 작겠지요? 이렇게 떡으로 생각하면 쉽게 이해가 갈 거예요.

아버지의 유언대로 가장 큰 수를 고른 큰아들은 방앗간을, 둘째 아들은 당나귀를, 막내아들은 고양이를 물려받았어요. 아버지는 큰아들에게 동생들을 잘 돌보라고 당부하고 눈을 감았어요. 방앗간은 이제 큰아들이 꾸려 가게 되었지요.

그런데 욕심 많은 큰아들은 손님들에게 친절하지 않았어요. 소문은 금방 나고 단골손님의 발길도 뚝 끊기고 말았답니다.

방앗간이 점점 어려워지자 큰아들은 둘째와 막내가 일은 안 하고 밥만 축내고 있다고 생각했어요. 그것을 눈치챈 둘째는 당나귀를 몰더니 큰 소리로 말했어요.

"형, 쌀 빻은 것 옆 마을에 배달하고 올게. 이랴! 당나귀야, 어서 가자."

큰아들은 배달하러 나가는 둘째의 뒷모습을 보며 둘째가 밥값은 한다고 생각했어요. 시선은 자연히 막내 한스에게로 향했지요. 한스는 눈치도 없이 고양이에게 먹이를 주고 있었어요.

"호날도, 이거 말린 멸치인데 먹어 봐."

고양이의 이름은 호날도였어요. 호날도는 한스가 주는 멸치를 맛있게 먹었어요.

"흐흐, 네가 좋아할 줄 알았어."

한스는 그 모습을 보고 흐뭇했어요. 이때 큰아들이 막내를 불렀어요.

"한스, 너는 도대체 뭐하는 놈이야? 지금 고양이와 노닥거릴 때니? 형을 도와서 일해야 할 것 아니야!"

그런데 방앗간에는 손님이 없어서 마땅한 일거리가 없었어요. 한스는 뭘 할지 몰라서 멍하니 서 있기만 했어요. 그때 갑자기 큰형이 버럭 소리를 질렀어요.

"너는 형의 말이 말 같지도 않니? 그렇게 빈둥거릴 거면 당장 이 집에서 나가!"

큰형은 매몰차게 막내를 집에서 내쫓았어요.

"이 아무짝에도 쓸모없는 고양이도 가져가!"

그러고는 고양이를 집어다 한스에게 던져 버렸어요.

"야옹!"

한스는 공중에서 날아오는 고양이를 간신히 받아 안았어요.
"휴, 큰일 날 뻔했다……."
하루아침에 한스와 고양이는 오갈 데 없는 거지 신세가 되었어요.

단위분수의 크기 비교

분수 중에서 $\frac{1}{2}$, $\frac{1}{3}$, $\frac{1}{4}$, $\frac{1}{5}$, …… 과 같이 분자가 1인 분수를 단위분수라고 해요. 단위분수끼리는 크기를 쉽게 비교할 수 있어요. 단위분수는 분모가 작을수록 더 큰 분수랍니다.

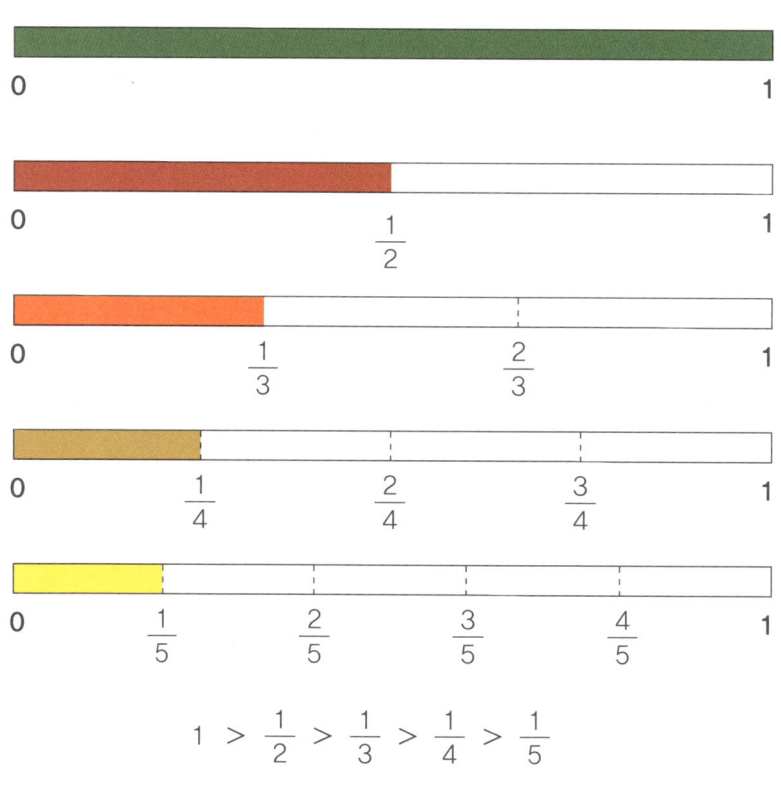

$$1 > \frac{1}{2} > \frac{1}{3} > \frac{1}{4} > \frac{1}{5}$$

음표에 깃들어 있는 분수

$\frac{6}{8}$, $\frac{3}{4}$, $\frac{4}{4}$, …… 악보를 보면 이렇게 분수 형태로 쓰여 있는 걸 볼 수 있어요. 악보에 적힌 분수는 박자를 나타내요. $\frac{6}{8}$박자는 8분음표가 한 마디 안에 여섯 개 있다는 뜻이고, $\frac{3}{4}$박자는 4분음표가 한 마디 안에 세 개 있다는 뜻이며, $\frac{4}{4}$박자는 4분음표가 한 마디 안에 네 개 있다는 뜻이에요.

그럼 음표란 뭘까요? 음악에서는 음의 길이와 높이를 나타내기 위해 음표를 사용해요. 음의 높이를 나타내기 위해 오선지 위에 음표를 자리 잡고 길이에 따라 온음표, 2분음표, 4분음표, 8분음표 등으로 나타내요.

각 음표들의 길이는 어떻게 될까요? 온음표의 길이를 1이라고 하면 2분음표는 $\frac{1}{2}$, 4분음표는 $\frac{1}{4}$, 8분음표는 $\frac{1}{8}$, 16분음표는 $\frac{1}{16}$이 돼요.

오른쪽은 온음표의 길이를 1이라고 할 때, 나머지 음표의 길이를 분수로 표시한 표예요.

음표	이름	분수
𝅝	온음표	1
𝅗𝅥	2분음표	$\frac{1}{2}$
♩	4분음표	$\frac{1}{4}$
♪	8분음표	$\frac{1}{8}$
𝅘𝅥𝅯	16분음표	$\frac{1}{16}$

이야기 셋

분수를 이용해 꿩을 잡아라

📖 분수의 덧셈과 뺄셈

집에서 쫓겨난 한스와 호날도는 한없이 걷다가 날이 어두워지자 마을이 보이는 언덕에 털썩 주저앉았어요. 그때 찬 바람이 불어왔어요. 한스는 손이 시려워 입김을 후후 불며 호날도를 말없이 바라봤지요.

"휴, 이깟 고양이로 뭘 하라는 거지? 털을 벗겨 장갑이나 만들까?"

한스의 말에 기겁한 호날도가 말했어요.

"겨우 장갑 때문에 저를 죽일 거예요? 저는 주인님을 도울 수 있어요!"

고양이가 사람 말을 하다니, 한스는 깜짝 놀랐어요.

"호날도, 너 뭐야? 고양이 주제에 사람 말을 다 하고."

"서당 개 삼 년이면 풍월을 읊는다는데, 방앗간 집 고양이 5년이면 사람 말은 기본이죠."

한스는 놀라운 한편 신기하기도 했어요.

"그럼 왜 지금까지 사람 말을 안 했어?"

"고양이는 귀찮은 건 딱 질색인 동물이에요. 그 시간에 낮잠이나 자는 게 더 낫다고요."

"이런 게으름뱅이!"

한스는 아까 호날도가 한 얘기가 생각났어요.

"그, 그건 그렇고…… 네가 날 도와줄 수 있다고? 어떻게?"

그러자 고양이의 째진 눈이 더 가늘어졌어요.

"그런데 아까 제 가죽을 벗겨 장갑을 만들겠다고 하셨어요?"

"그, 그건 손이 너무 시려서 그만…… 사과할게."

"……."

호날도는 쉽게 마음이 풀리지 않았어요.

"미안, 미안! 호날도, 마른 멸치 몇 개 남았는데 먹을래?"

"야옹!"

한스의 진심 어린 사과에 호날도의 꽁한 마음이 순식간에 풀렸어요.

"우선 장화 한 켤레만 구해 주세요."

"장화?"

한스는 속는 셈 치고 가지고 있는 돈을 탈탈 털어 며칠 먹을 음식과 호날도에게 맞는 빨간 장화를 한 켤레 사 줬어요.

"딱 좋아요! 제 스타일이에요."

호날도는 빨간 장화가 무척 맘에 드는 모양이에요.

"장화 신은 고양이라니, 무슨 동화 제목도 아니고……."

한스는 아무리 자기가 키운 고양이라지만 황당해서 혀를 끌끌 찼어요.
"으랏차, 차차!"
호날도가 장화를 신더니 몸을 한껏 웅크렸다 펴면서 몸을 풀고 부지런히 뛰어다니기 시작했어요. 마치 축구 선수 호날두를 보는 것 같았어요.
"하나둘, 하나둘! 이제 일 좀 해 볼까!"
호날도는 커다란 자루 하나에 곡식을 담고 주둥이를 끈으로 묶은 다음, 자루를 어깨에 메고 숲으로 달려갔어요. 그러고는 풀밭에 자루를 펼쳐 놓고 나무 뒤에 숨었지요.

매씨와 앨런은 숨을 만한 곳이 없나 숲속을 두리번댔어요. 나무가 우거진 숲속으로 들어가는데, 웬 장화 신은 고양이가 열심히 꿩을 사냥하고 있는 게 보였어요. 그런데 꿩이 얼마나 조심스러운지 자루 속의 곡식은 쳐다보지도 않았지요. 호날도는 대책 없이 무작정 기다리기만 했어요. 하도 답답해서 매씨와 앨런이 호날도에게 다가갔어요.

"이봐, 그렇게 해서 꿩이 잡히겠어?"

매씨가 호날도의 어깨를 툭 건드리며 말을 걸었어요.

"누, 누구냐?"

매씨를 보자마자 호날도는 등을 둥그렇게 말고 꼬리를 막대풍선처럼 부풀렸어요.

"야옹, 야오옹!"

꼭 싸우기 전에 하는 동작 같았어요. 그러고 보니 매씨는 개, 호날도는 고양이예요. 견묘지간(犬猫之間)이라는 말이 있을 정도로 개와 고양이는 만나면 보통 싸우기 일쑤랍니다. 역시 매씨도 가만있지 않았어요.

"멍멍멍, 멍멍!"

매씨와 호날도는 축구장에서 만난 선수처럼 이리저리 구르며 뛰고 난리도 아니었어요. 할퀴고 물어뜯기 일보 직전까지 갔지요. 더 있다가는 큰일 나겠다 싶어 앨런이 둘을 말리기 시작했어요.

"얘들아, 이제 그만해!"

"헉헉, 헉헉."

어찌나 심하게 뛰었는지 매씨와 호날도도 더 싸울 기력도 없어 보였어요. 앨런이 호날도에게 물었어요.

"너는 왜 꿩을 잡으려고 그러니?"

"꿩을 잡아서 주인님한테 가져다주려고……. 집에서 쫓겨나서 오갈 데도, 먹을 것도 없거든."

자초지종을 들은 앨런과 매씨는 호날도가 안쓰러워졌어요. 그래서 호날도와 힘을 합쳐 꿩을 잡기로 했지요.

"꿩은 워낙 조심성이 많아서 자루에 잘 안 들어올 거야."

사냥개 출신인 매씨가 꿩에 대해 좀 안다는 듯이 말했어요.

"그럼 어떻게 하면 돼?"

호날도가 물었어요.

"꿩은 머리가 그리 좋지 않잖아? 꿩한테 까다로운 수학 문제를 내서 머리를 어지럽게 한 다음에 꿩을 잡아 버리자."

"이야, 정말 좋은 생각이야!"

앨런의 아이디어에 다들 손뼉을 쳤어요.

꿩들이 모여 사는 숲속 한가운데에 무대를 만들고 마술사 복장을 한 앨런이 꿩들을 불러 모으기 시작했어요. 매씨와 호날도는 피에로 복장을 하고 옆에서 장단을 맞췄지요.
"자, 날이면 날마다 오는 행사가 아닙니다. 수학 문제를 맞히면 여기 있는 자루의 곡식을 드려요!"

매씨와 호날도가 멀리 있는 꿩들을 향해 곡식을 던져 줬어요. 멀리서 곡식을 쪼아 먹던 꿩들이 앨런의 주위로 모여들기 시작했지요.

"이게 웬 횡재야! 공짜로 곡식을 주다니."

"빨리 수학 문제 내 봐. 다 맞혀 주지!"

꿩들은 자신만만했어요. 곧 앨런이 분수 문제를 냈어요.

"자, 분수 문제를 내겠어요. $\frac{1}{4}$ 더하기 $\frac{2}{4}$ 는 얼마일까요?"

$$\frac{1}{4} + \frac{2}{4} = ?$$

그러자 꿩들이 모여서 머리를 맞대기 시작했어요. 그리고 한참 끙끙댔지요. 쉬운 분수 문제인데 꿩들에게는 좀 어려운 모양이에요.

오랜 논의 끝에 대장으로 보이는 꿩이 앞으로 나왔어요.

"정답을 알아냈나요?"

앨런이 물었어요.

"정답은 $\frac{3}{4}$이야."

대장 꿩이 답을 말하자 다른 꿩들도 숨을 죽이고 결과를 기다렸어요.

"딩동댕! 정답입니다."

앨런의 말에 꿩들은 하늘을 날 것처럼 기뻐했어요. 매씨와 호날도는 꿩들에게 곡식을 한 줌씩 나눠 줬어요. 꿩들은 게 눈 감추듯 곡식을 먹어 치웠어요.

"이걸로 끝이야? 다른 문제 없어?"

자신감도 얻은데다가 아직 배가 덜 찼는지 대장 꿩이 입맛을 다시며 한 번 더 문제를 내 줄 것을 제안했어요. 곡식이 별로 남아 있지 않아서 호날도는 걱정이 됐지만 앨런은 내심 미소를 지었어요.

"자, 그럼 한 문제 더 내겠어요. 이번에도 분수 문제예요. $\frac{2}{5}$와 $\frac{4}{5}$를 더하면 얼마일까요?"

$$\frac{2}{5} + \frac{4}{5} = ?$$

꿩들은 모두 쾌재를 불렀어요. 처음 문제랑 크게 다르지 않았기 때문이에요. 꿩들이 다시 모여 머리를 맞대기 시작했어요. 그리고 얼마 지나지 않아 답을 찾았는지 대장 꿩이 혼잣말을 했어요.

"그렇지, 그렇지. 정답은 $\frac{6}{5}$이야. 이번에도 곡식을 먹을 수 있겠어. 흐흐흐!"

대장 꿩이 자신만만하게 앞으로 나오며 말했어요.

"정답은……."

이때 앨런이 말을 가로막았어요.

"대신 이번 정답은 분자가 분모보다 크면 안 돼요."

그 말을 듣는 순간 대장 꿩을 비롯해서 모든 꿩들의 얼굴이 얼어붙기 시작했어요. 분명 답은 $\frac{6}{5}$이 확실한데, 분자가 분모보다 크면 안 된다고 하니 눈앞이 캄캄해졌지요.

"자, 빨리 답을 말해 주세요."

앨런이 재촉했어요. 꿩들은 어쩔 줄 몰라 했어요. 답은 알았는데, 정답이 아니라니! 이런 헷갈리는 분수 문제는 처음 푸는 것 같았어요. 어떤 꿩은 머리가 어지러워 픽 쓰러지기도 하고, 머리를 땅에 묻고 꼬리만 내밀기도 했어요.

대장 꿩은 그 자리에서 돌처럼 굳어 버렸어요.

"자, 정답을 말해 주세요."

"……."

대장 꿩은 입도 굳어 버린 것 같았어요.

"10초의 시간을 드리겠습니다. 10초 안에 답을 얘기하지 않으면 틀린 것으로 하겠어요. 10, 9, 8, 7……."

여기저기서 꿩들이 쓰러지는 소리가 들렸어요.

"픽, 픽, 픽!"

앨런은 10초를 다 세었어요. 그때까지 꿩들은 아무도 정답을 말하지 못했지요.

"정답은 1과 5분의 1이에요. 분자가 분모보다 크면 가분수를 대분수로 바꿔 주면 된답니다."

$$\frac{2}{5} + \frac{4}{5} = \frac{6}{5} = 1\frac{1}{5}$$

진분수, 가분수, 자연수, 대분수

▶ $\frac{3}{4}$, $\frac{2}{3}$와 같이 분자가 분모보다 작은 분수를 **진분수**라고 해요.

▶ $\frac{3}{3}$, $\frac{6}{5}$과 같이 분자가 분모와 같거나 분모보다 큰 분수를 **가분수**라고 해요.

▶ 1, 2, 3과 같은 수를 **자연수**라고 해요.

▶ $1\frac{1}{5}$과 같이 자연수와 진분수로 이루어진 분수를 **대분수**라고 해요.

매씨와 호날도는 기회를 놓치지 않고 꿩을 덥석 물어서 자루에 담기 시작했어요. 얼마 지나지 않아 자루가 꿩으로 꽉 찰 정도로 많이 잡았지요.
 앨런, 매씨, 호날도는 휘파람을 불며 한스가 있는 곳으로 갔어요. 그리고 그날 밤 배가 터지도록 꿩을 구워 맛있게 먹었답니다.

분수의 종류

분수는 1이 안 되는 수를 나타내기 위해 생겨났지만, 1보다 큰 수를 나타낼 수도 있어요. 또한 1과 같은 분수도 있고, 1보다 크고 2보다 작은 분수도 있지요.

진분수 : 진분수는 진짜 분수라는 뜻이에요. 오래된 탑이나 건물을 보면 아래가 크고 위로 갈수록 작아지는 걸 볼 수 있어요. 고대 이집트의 피라미드도 위로 갈수록 작고 뾰족해서 안정적으로 보이죠. 왜 사람들이 분자가 분모보다 작은 분수를 진분수라고 한 줄 알겠죠?

가분수 : 가분수는 가짜 분수라는 뜻이에요. 딱 봐도 분자가 분모보다 커서 불안해 보이죠? 하지만 분수끼리 계산할 때에는 가분수가 유용하게 쓰여요.

대분수 : 가분수는 자연수와 진분수의 합인 대분수로 나타낼 수 있어요. 계산할 때에는 가분수가 편하지만, 계산 결과를 대분수로 고치면 그 값의 크기를 정확하게 알 수 있답니다.

분모가 같은 분수의 덧셈

분모가 같은 분수는 분모는 그대로 두고 분자만 서로 더하면 돼요.

$$\frac{1}{3} + \frac{1}{3} = \frac{1+1}{3} = \frac{2}{3}$$

$$\frac{2}{5} + \frac{1}{5} = \frac{2+1}{5} = \frac{3}{5}$$

이런 식으로 분모는 그대로 두고 분자만 더하는 것이지요. 참 쉽죠?

그런데 이렇게 더하다 보면 분자의 합이 분모보다 큰 경우가 있어요.

$$\frac{2}{5} + \frac{4}{5} = \frac{2+4}{5} = \frac{6}{5}$$

$$\frac{5}{7} + \frac{6}{7} = \frac{5+6}{7} = \frac{11}{7}$$

이렇게 분자가 분모와 같거나 큰 분수를 가분수라고 해요. 계산 결과가 가분수로 나오면 보통 분자를 분모보다 작게 고쳐 줘야 해요. 위에 있는 분자가 아래에 있는 분모보다 크면 아무래도 불안하니까요.

그래서 $\frac{6}{5} = \frac{5}{5} + \frac{1}{5}$ 로 풀어 쓰면 $\frac{5}{5} = 1$ 이므로

$\frac{6}{5} = 1\frac{1}{5}$ 과 같이 바꿀 수 있답니다. 이렇게 자연수와 진분수로 이루어진 분수를 대분수라고 해요.

마찬가지로 $\frac{11}{7}$ 도 다음과 같이 대분수로 나타낼 수 있어요.

$$\frac{11}{7} = \frac{7}{7} + \frac{4}{7} = 1\frac{4}{7}$$

분수로 농부를 도와준 앨런

📖 분수의 덧셈과 뺄셈

이야기 넷

다음 날 아침, 일찍 일어난 호날도는 어제 먹고 남은 꿩 몇 마리를 자루에 담아 둘러메고 어디론가 떠나려고 했어요. 한스와 매씨는 간만에 배불리 먹고 자서 그런지 아직도 단잠에 빠져 있었지요.

"이른 아침부터 어디 가니?"

인기척이 나자 앨런이 눈을 게슴츠레 뜨며 호날도에게 물었어요.

"깼구나? 동화 나라 임금님이 꿩고기를 좋아한다는 말을 들은 적이 있어서……."

"그걸 임금님께 가져다 드린다고?"

"그래. 더 이상 꿩고기는 질려서 못 먹겠어! 버리는 것보다 나을 것 같아 갖다 드리려는 거야."

"그런데 임금님이 널 만나 주실까?"

"그건, 가 보면 알겠지."

호날도는 포부 당당하게 자루를 둘러메고 임금님이 계시는 성으로 향했어요. 아니나 다를까 성문 앞에 도착하자 건장한 병사들이 호날도를 가로막았어요.

"뭐하는 녀석, 아니 고양이냐? 여기는 함부로 들어갈 수 없다."

"임금님께 드릴 게 있어서 그래요. 들여보내 주세요."
"임금님은 사전에 허락된 사람이 아니면 절대 만나지 않으신다. 특히 이상한 고양이는 두 말 할 것도 없이 안 되겠지?"

호날도와 문지기 병사들이 옥신각신하는 걸 지나가던 임금님이 보게 되었어요.

"거기, 웬 소란이냐?"

그때를 놓치지 않고 호날도가 임금님 앞에 넙죽 큰절을 하며 말했어요.

"폐하, 저의 주인인 카라바스 백작이 폐하께 선물을 보내서 이렇게 가져왔습니다."

"오호, 선물이라고?"

"주인님이 직접 잡은 자연산 꿩입니다."

임금님은 무척 기뻤어요. 꿩 만두, 꿩 튀김 등 임금님은 세상에서 꿩 요리를 제일 좋아했거든요.

"여봐라, 이 고양이에게 금화를 내주어라."

임금님은 기분이 좋아 호날도에게 상금을 내리셨어요. 단, 조건이 붙었어요.

"대신 꿩 세 마리를 금화 한 닢으로 쳐서 내주도록 해라."

그러자 병사들과 호날도가 당황하기 시작했어요. 호날도가 가져온 꿩은 모두 열한 마리예요. 세 마리당 금화 한 닢이니까 아홉 마리는 금화 세 닢인 것까지는 알겠는데, 그 다음부터는 어떻게 계산해야 할지 몰랐어요. 이때 앨런이 다가왔어요. 앨런은 호날도가 걱정돼서 뒤따라온 것이었지요.

"호날도, 이럴 때 분수를 이용하는 거야. 꿩 세 마리에 금화 한 닢이니까, 꿩 한 마리는 금화 $\frac{1}{3}$닢이 돼."

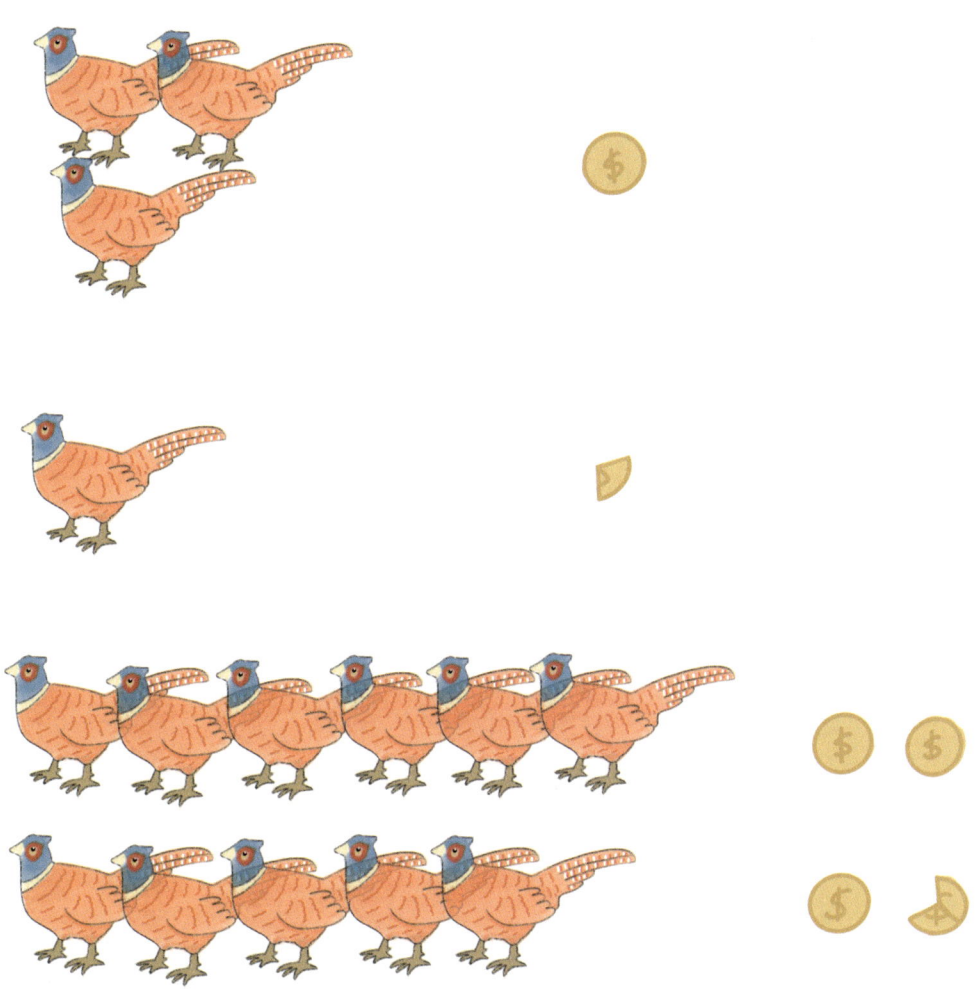

그제서야 호날도의 머리가 돌아가기 시작했어요.

"아, 그러면 꿩 열한 마리는 금화 세 닢과 금화 $\frac{2}{3}$닢을 받으면 되는 거구나!"

호날도는 임금님에게 금화 세 닢과 3분의 2닢을 달라고 얘기했어요. 임금님은 흔쾌히 수락했지요.

"참으로 똑똑한 고양이로다. 네 주인인 카라바스 백작에게 이 금화를 갖다 주고, 꿩 선물도 잘 받았다고 전하거라!"

"망극하옵니다, 폐하."

한편, 한스는 호날도가 돌아오지 않자 한숨을 쉬고 땅을 쳤어요.

"내가 정신이 나갔지. 고양이 녀석한테 장화를 사 주다니! 그걸 신고 뭐, 임금님한테 갔다고? 살아서 돌아오면 기적이야, 기적. 진즉에 일어나 말렸어야 했는데……."

그때 호날도가 앨런과 함께 금화를 가지고 돌아왔어요. 한스는 반짝거리는 금화를 보고 눈이 휘둥그레졌어요.

"호, 호날도! 너 지금 무슨 마법을 부린 거니?"

놀라는 한스를 지켜보며 호날도는 빙긋 미소를 지을 뿐이었어요.

　다음 날, 또 그 다음 날도 호날도는 임금님께 꿩을 바쳤어요. 그리고 매일 금화 몇 닢을 가지고 돌아왔지요. 이쯤 되자 한스는 조그만 집을 얻어 살 수 있게 되었고, 호날도는 마음대로 성을 드나들 수 있게 되었어요. 어느 날 호날도가 꿩을 바치기 위해 성에 들어갔는데, 임금님의 마차를 끄는 마부들이 얘기하는 것을 살짝 엿들었어요.

"임금님과 공주님이 난데없이 마을을 한 바퀴 돌자고 하시네……."

"그래? 어서 준비하세."

호날도는 '옳지!' 하면서 한스에게 달려갔어요. 그리고 다짜고짜 한스를 호숫가로 데려갔어요.

"주인님, 어서 호수에 가서 수영을 하세요!"

"갑자기 수영을?"

한스는 이제 시키는 건 뭐든지 할 만큼 호날도에게 믿음이 생겼어요. 한스는 호수로 달려가서 옷을 훌렁훌렁 벗고 물속으로 뛰어들었지요. 호날도는 재빨리 한스의 옷을 숨겼어요. 앨런과 매씨는 호날도가 또 무슨 꾀를 내려는 건지 그 광경을 재미있게 바라보고 있었어요.

잠시 후 임금님과 공주님이 마차를 타고 호숫가를 지나갔어요. 호날도는 마차로 달려가 다급하게 말했어요.
"폐하, 제 주인님인 카라바스 백작이 호수에서 수영을 하는데 도둑이 옷을 몽땅 훔쳐 가 버렸습니다. 백작님은 지금 물속에서 나오지도 못하고 있어요. 그냥 내버려 두었다가는 감기에 걸려 죽을지도 몰라요!"

호날도는 눈물까지 뚝뚝 흘렸어요. 거의 남우 주연상 감이었지요. 그러자 임금님이 신하들에게 명령했어요.

"여봐라, 어서 백작을 구하고, 왕궁으로 가서 내 옷을 한 벌 가져오너라!"

임금님은 자신의 옷을 입은 한스를 마차에 태웠어요. 임금님의 화려한 옷을 입은 한스는 완전히 딴 사람이 되었지요. '옷이 날개'라는 말은 마치 이럴 때 쓰는 것 같았어요.

"카라바스 백작! 그동안 꿩을 보내 줘서 고마웠소. 참으로 맛있게 먹었소이다."

"꿩이요? 아, 네……. 꿩……."

한스는 호날도를 바라봤어요. 호날도가 살짝 윙크를 보냈지요.

"폐하, 맛있게 드셨다니 영광이옵니다."

임금님은 한스를 아주 흡족하게 바라봤어요. 공주님도 한스를 처음 보고 기분이 좋은지 살며시 미소를 지었지요. 한스는 젊고 잘생긴데다가 임금님의 옷을 입으니 정말 먼 나라 왕자님 같아 보였거든요.

"앨런, 매씨! 따라와. 나 좀 도와줘."

호날도는 임금님과 공주님이 한스와 얘기하는 동안 앨런과 매씨를 데리고 열심히 뛰어갔어요. 들판에서는 키 작은 농부와 키 큰 농부 둘이 농사를 짓다가 서로 다투고 있었어요.

"왜 다투고 계세요?"

호날도가 물었어요.

그러자 키 작은 농부가 말했어요.

"우리는 맞은편 끝에서 각자 밭을 매서 중간에서 만나기로 했어. 그런데 딱 봐도 내가 밭을 더 많이 맸는데, 이 친구가 자기

가 더 많이 맸다고 우기는 거야!"

"무슨 소리여? 척 봐도 내가 더 많이 맸구먼."

키 큰 농부도 지지 않고 말했어요.

호날도는 앨런과 매씨에게 구원의 눈빛을 보냈어요. 앨런이 밭을 먼저 보더니 말을 꺼냈어요.

"두 분이 맨 밭의 길이가 각각 어떻게 되나요?"

키 큰 농부가 대답했어요.

"내가 맨 밭의 길이는 1과 19분의 1km야."

그러자 키 작은 농부가 대답했어요.

"내가 저 끝에서 $\frac{18}{19}$km의 밭을 맸지. 그리고 여기 중간에서 만났어."

앨런과 매씨는 누가 더 밭을 많이 맸는지 바로 알 수 있었어요. 하지만 두 농부한테 제대로 설명을 해 줘야 오해 없이 앞으로 잘 지낼 것 같았지요. 곧 앨런이 입을 뗐어요.

"아마 대분수 때문에 두 분이 헷갈린 것 같아요."

"대분수?"

"네, $\frac{18}{19}$은 진분수이고, 1과 19분의 1, 즉 $1\frac{1}{19}$은 대분수예요. 여기서 '대'는 허리띠처럼 잇는다는 뜻이에요. 이 대분수를 가분수로 고치면 $\frac{19}{19} + \frac{1}{19}$이 되어 $\frac{20}{19}$이 된답니다."

매씨가 보충 설명을 해 줬어요.

$$1\frac{1}{19} = 1 + \frac{1}{19} = \frac{19}{19} + \frac{1}{19} = \frac{20}{19}$$

"그래서 분자가 더 큰 $\frac{20}{19}$km의 밭을 맨 농부님이 $\frac{18}{19}$km를 맨 농부님보다 더 많이 밭을 맨 셈이 되는 거예요."

$$1\frac{1}{19} \left(= \frac{20}{19}\right) > \frac{18}{19}$$

대분수 $1\frac{1}{19}$ 은 $1+\frac{1}{19}$ 이므로 1보다 크고,

진분수 $\frac{18}{19}$ 은 1보다 작다는 것을 이용하면 $1\frac{1}{19}$ km가 $\frac{18}{19}$ km보다 길다

는 것을 쉽게 알 수 있어요.
여러분도 앨런과 매씨처럼 키 큰 농부가 밭을 더 많이 맸다는 것을 바로 눈치챌 수 있겠죠?

"그렇게 하면 되는군! 그럼 이 양반이 나보다 얼마나 더 많이 밭을 맨 거야?"

키 작은 농부가 물었어요.

앨런과 매씨는 곰곰이 생각했어요. 그리고 동시에 이것은 분수의 뺄셈으로 해결해야 된다고 생각했지요.

"두 분 혹시 분수의 뺄셈 할 줄 아세요?"

앨런이 말했어요.

"그럼, 알다마다."

"$1\frac{1}{19}$ 에서 $\frac{18}{19}$ 을 빼면 되는데……, 그게 그러니까……."

두 농부는 평소에 수학을 자주 안 하다 보니 좀 헷갈리는 것 같았어요. 이때 매씨가 힌트를 줬어요.

"아까 얘기했던 것처럼 대분수를 가분수로 바꿔서 빼 보세요."

"아하, 대분수를 가분수로 바꾸면 되겠군!"

"$1\frac{1}{19}$을 가분수로 고치면 $\frac{20}{19}$이 되는구먼."

"옳거니! 그럼 $\frac{20}{19} - \frac{18}{19}$을 하면…, $\frac{2}{19}$가 정답일세."

$$\frac{20}{19} - \frac{18}{19} = \frac{20 - 18}{19} = \frac{2}{19}$$

"그럼 자네가 $\frac{2}{19}$km의 밭을 더 맨 것이로군."

정답이 나오자 앨런이 맞장구를 쳤어요.

"정말 잘하셨어요!"

"자네, 정말 솔로몬 같군! 또 수학이라는 것이 참으로 용하다, 용해."

"그려, 그려. 수학이 솔로몬이구먼!"

농부들은 더 이상 싸우지 않게 잘 판결을 해 준 호날도 일행한테 고마움을 표했어요. 그때 호날도가 농부들에게 말을 걸었어요.

"여러분, 이 넓은 밭은 누구 것이에요?"

"무시무시한 마법사의 밭이지!"

그리고 저 멀리 커다란 성을 바라보며 물었어요.

"그럼 저 으리으리한 성은 누구 것이에요?"

"그야, 그 악랄한 마법사의 성이지!"

그늘 밑에서 잠시 쉬고 있던 다른 농부들도 이구동성으로 말했어요. 다들 마법사가 무섭고 악랄해서 다 싫어하는 것 같았어요. 그러자 호날도가 말했어요.

"여러분, 곧 임금님의 마차가 지나갈 거예요. 임금님께서 이 밭이랑 저 성이 누구 것이냐고 물으시면 카라바스 백작 것이라고 대답해 주세요. 부탁이에요!"

 "그럼, 그럼. 우리를 도와줬는데 그 정도 부탁이야 들어 줘야지."

 호날도와 앨런, 매씨는 농부들에게 감사의 인사를 하고 또 달려갔어요.

분수의 뺄셈

① 분모가 같은 분수의 뺄셈

분모는 그대로 두고 분자만 서로 빼면 돼요.

$$\frac{2}{3} - \frac{1}{3} = \frac{2-1}{3} = \frac{1}{3}$$

$$\frac{4}{5} - \frac{2}{5} = \frac{4-2}{5} = \frac{2}{5}$$

이런 식으로 분자끼리 빼면 돼요.

분모가 같은 분수의 덧셈처럼 참 쉽죠?

② 1과 분수의 뺄셈

1을 분수로 바꾼 다음 분자끼리 서로 빼면 돼요.

$$1 = \frac{2}{2} = \frac{3}{3} = \frac{4}{4} = \frac{5}{5} = \cdots$$

이므로 빼어지는 분수의 분모와 같도록 1을 적당한 분수로 바꿔야 해요.

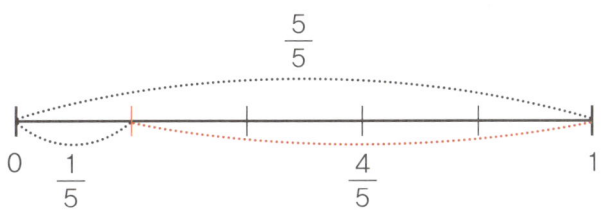

$$1 - \frac{4}{5} = \frac{5}{5} - \frac{4}{5} = \frac{5-4}{5} = \frac{1}{5}$$

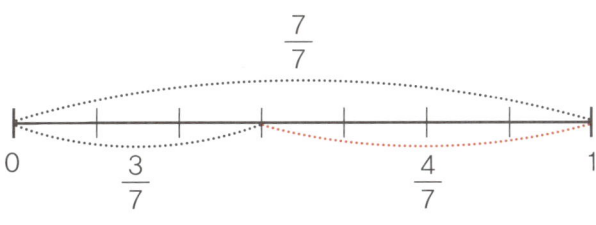

$$1 - \frac{4}{7} = \frac{7}{7} - \frac{4}{7} = \frac{7-4}{7} = \frac{3}{7}$$

이야기 **다섯**

소수로 마법사와 히들러를 이기다

📖 소수의 덧셈과 뺄셈

호날도와 앨런, 매씨는 계속해서 달렸어요. 이번에 도착한 곳은 바로 마법사의 성이랍니다. 호날도의 속셈은 마법사를 속여서 쥐로 만들어 버린 후 이 성을 차지하는 것이었지요. 드디어 호날도 일행은 마법사의 성에 도착했어요. 그런데 굳게 닫혀 있을 걸로 예상했던 성문이 저절로 열리는 것 아니겠어요?

"어라, 성문이 저절로 열리네?"

"마법사는 항상 문을 열어 놓고 다니나 봐."

"뭔가 이상한데……."

호날도 일행은 조금 찝찝했지만 조심조심 성 안으로 들어갔어요. 그때 갑자기 천장에서 그물이 털썩 내려와 호날도 일행을 덮쳤어요.

"으악!"

마법사가 놓은 덫에 걸리고 만 거예요. 멀찍이서 마법사가 다가왔어요. 옆에 웬 군복을 입은 건장한 사내도 같이 걸어왔어요. 그 사내를 보자마자 매씨가 깜짝 놀라 뒷걸음쳤어요.

"헉!"

"매씨, 왜 그래?"

"애, 앨런. 저자가 바로 내가 말한……."

"뭐? 저 사람이 히들러라고?"

마법사 옆에 있는 사람은 다름 아닌 히들러였어요. 군복을 입은 히들러는 마법사 옆에서 기분 나쁜 미소를 지으며 호날도 일행을 쳐다봤어요.

"히들러, 당신 말이 맞군요. 얘네들이 제 발로 성에 들어왔어요."

"제가 감히 거짓말을 하겠습니까? 저기 저 맹랑하게 생긴 고양이가 마법사님을 속여 쥐로 만든 다음 잡아먹으려고 했겠죠."

"으하하! 내가 저렇게 멍청하게 생긴 고양이한테 당할 것 같습니까?"

미래에서 온 히들러는 이미 마법사의 성에 도착해서 마법사와 한패가 돼 있었어요. 그리고 호날도의 계획을 미리 마법사에게 알려 주고 덫을 놓아 앨런을 기다리고 있었던 거예요. 앨런을 동화 나라에 피신시키려는 매씨의 계획마저도 히들러에게 들켜 버리고 말았어요. 히들러는 그물에서 바둥바둥하고 있는 앨런의 곁으로 다가갔어요.

"앨런, 너를 애타게 찾고 있었단다. 내가 너를 무척 좋은 곳으로 데려다주겠다!"

히들러가 앨런을 꺼내려고 하는 순간, 매씨가 앨런을 부둥켜안고 막아섰어요.

"너는 나치가 보낸 첩자지? 앨런을 없애기 위해 여기 온 걸 누가 모를 줄 알고? 절대 앨런을 데려갈 수 없어!"

"너는 누구길래 내 정체를 알고 있는 거지?"

"나는 앨런을 지키기 위해 온 탐지견 매씨다."

"연합군에서 보낸 녀석이군. 그럼 너도 살려 둘 수 없어!"

히들러가 장갑을 끼더니 안주머니에서 뭔가를 꺼내려고 했어요. 그때 저 멀리서 마차 소리가 들렸어요.

"워워!"

"히이잉!"

임금님의 마차가 마침 마법사의 성으로 도착한 것이었어요. 히들러는 순간 당황한 나머지 마법사의 등 뒤로 살짝 숨었지요. 임금님의 마차 뒤로는 아까 만났던 농부들이 우르르 떼를 지어 도착했어요. 농부들은 장화 신은 고양이와 임금님이 별안간 나타나자 무슨 재미있는 구경거리가 있나 싶어 따라왔대요.

한스가 먼저 마차에서 내렸어요. 그리고 그물에 갇혀 있는 호날도 일행에게 달려갔어요.

"호날도, 거기 왜 갇혀 있는 거야?"

의리가 많은 한스는 한시라도 빨리 호날도를 그물에서 꺼내 주고 싶었어요. 그리고 임금님을 바라봤어요.

"폐하, 제 친구들을 꺼내 주십시오."

임금님은 호위병에게 명령했어요.

"저기 그물에 갇혀 있는 자들을 꺼내 주도록 해라."

병사들이 몰려가서 그물에 갇혀 있는 호날도와 앨런, 매씨를 꺼내 줬어요.

마법사와 히들러는 분한 표정을 감추지 못했어요. 히들러가 먼저 화를 참고 마법사에게 귓속말을 했어요.

"마법사님, 침착하세요. 기회를 봐서 곧 저 아이들을 처리할 테니, 당신은 공주님과 결혼해서 동화 나라의 임금이 될 준비나 하세요."

"알겠소. 침착, 침착!"

그때 임금님이 성을 한번 쭉 훑어보더니 질문을 했어요.

"이 성은 누구의 성인가?"

마법사가 때가 왔다고 생각하며 자신의 성이라고 말하려는 순간 호날도가 불쑥 튀어나왔어요.

"이 성은 여기 카라바스 백작님의 성입니다."

그러자 마법사가 버럭 고함을 질렀어요.

"무슨 헛소리를 하는 거야? 이 성은 엄연히 내 성이라고!"

옆에 있는 히들러가 거들었어요.

"당연하지. 그건 이 히들러가 증명할 수 있어. 이 성은 누가 뭐래도 마법사의 성이라고!"

그러자 이에 질세라 호날도가 농부들을 바라보면서 물었어요.

"그럼 여기 계신 농부님들에게 물어보면 제일 잘 알겠죠."

"당연하지!"

마법사는 자신만만했어요. 농부들이야말로 누가 진짜 성의 주인인지 가장 잘 알 테니까요.

"농부님들, 저기 넓은 밭과 여기 성의 주인이 누구죠?"

그러자 농부들이 처음에는 마법사의 눈치를 보더니, 아까 호날도의 부탁을 떠올렸어요.

"카, 카라바스 백작님입니다."

농부들이 목소리를 떨며 이구동성으로 말했어요. 그 말을 듣자 마법사는 화가 머리끝까지 치밀어 올랐어요. 그리고 무시무시한 사자로 변해서 농부들을 겁주었어요.

"어흥, 너희들이 감히 거짓말을 해? 가만두지 않겠다!"

그 모습에 농부들은 온몸이 벌벌 떨렸어요. 하지만 농부들도 이젠 더 이상 마법사로부터 괴롭힘을 당하기 싫었어요. 임금님한테 일러바쳐서라도 마법사로부터 벗어나고 싶었지요.

"아니, 왜 농부들을 겁주고 그러세요?"

공주는 농부들이 불쌍해 보였는지 소매를 걷어붙이고 앞으로 나섰어요.

"공주님이 관여하실 일이 아닙니다! 이 넓고 넓은 밭이랑 으리으리한 성은 바로 제 것이란 말입니다. 공주님이 저랑 결혼하시면 이 모든 걸 다 가지실 수도 있어요."

공주는 그 말을 듣자마자 주위의 모든 유리그릇이 깨질 만큼 큰소리로 말했어요.

"야, 이 마법사야! 누가 너같이 못된 마법사랑 결혼을 한대? 냉수 먹고 정신 좀 차려!"

"뭐, 뭐라고? 이럴 수가……."

공주의 말에 흥분한 마법사는 징그럽고 거대한 뱀이 되어 하늘로 용솟음쳤어요.

"공주고 뭐고 가만두지 않겠다!"

그때 한스가 공주를 자신의 등 뒤에 숨겼어요. 호날도와 매씨, 앨런은 마법사가 공주에게 다가가지 못하도록 앞을 가로막았어요. 양쪽에서 큰 싸움이 벌어질 것 같은 기세였지요.

"자, 자. 양쪽 주장이 팽팽해서 어느 쪽의 말이 맞는지 모르겠구나. 그럼 내가 수학 문제를 낼 터이니 맞힌 사람이 성의 주인인 것으로 하는 게 어떻겠소?"

순간 히들러가 회심의 미소를 지었어요. 그는 독일의 손꼽히는 수학자로 나치에서 엄선해서 뽑은 비밀 요원이었기 때문이에요.

"아니, 내 성이 분명한데, 왜 수학 문제를 맞혀야 하는지……."

이번에는 마법사가 커다란 곰으로 변해서 억울함을 표현했어요.

"크어엉!"

그러자 히들러가 마법사를 진정시켰어요.

"마법사 양반, 이제 그만 진정하고 내 말을 들어 봐요."

"아니, 무슨 말을 들으라는 거요! 이렇게 억울한 경우가 어딨소?"

"내가 이래 봬도 수학자잖소. 임금이 내는 수학 문제를 풀고 우리가 이겨서 당신이 공주랑 결혼할 수 있게 해 주겠소이다."

"오, 옳거니!"

무슨 속셈인지 두 사람은 차분하게 임금님 앞으로 다가왔어요. 마법사는 다시 사람의 모습으로 되돌아왔지요.

"임금님의 명에 따르도록 하겠습니다."

양쪽 모두 임금님의 제안을 받아들이기로 했고, 임금님은 두 일행을 각각 철창으로 가로막혀 있는 방으로 들어가도록 했어요.

"이 수학 문제를 맞힌 사람은 이 성의 주인이 분명하니 철창을 열어 줄 것이고, 못 맞힌 사람은 자동으로 이 성을 무단 침입한 범죄자가 되니 그대로 철창 속에 가두도록 하겠다."

임금님이 현명한 판결을 내리자 두 일행은 각기 다른 철창 속으로 들어갔어요. 마침내 임금님이 수학 문제를 냈어요.

"나와 공주는 마차를 타고 들을 지나 여기까지 오는 데 꽤 많은 시간이 걸렸다. 왕궁에서 여기까지 오는데 세 가지 길이 있었다. A 코스는 1km, B 코스는 0.95km, C 코스는 0.949km였고, 나와 공주는 이 중 가장 짧은 길을 택해서 여기 왔다. 어느 길로 왔겠느냐? 시간은 1분이다. 1분 안에 답을 말해야 한다."

한쪽 방에 갇힌 호날도와 앨런, 매씨가 머리를 맞대어 풀기 시작했고, 옆방에서는 마법사와 히들러가 문제를 풀기 시작했어요.

"이건 무슨 문제지?"

"소수 문제야."

"소수는 분수와 마찬가지로 1보다 작은 수를 표시하는 데 쓴다고 했잖아."

"그렇지."

두 일행은 상대방이 듣지 못하도록 조용조용 논의를 하면서 문제를 풀어 가기 시작했어요. 마침내 1분이 지났어요.

"자, 1분이 지났다. 다들 답을 정했겠지? 셋을 세면 아까 전달한 판자에 답을 적어 들어 보아라."

"하나, 둘……."

임금님이 숫자를 세기 시작했어요. 옆에 있는 한스는 입이 바짝 마르는 것 같았어요.

"셋!"

호날도 일행과 마법사 일행은 동시에 판자를 들었어요. 농부들의 함성이 터져 나왔지요.

"와, 와!"

마치 퀴즈 프로그램의 한 장면을 보는 것 같았어요. 호날도 일행은 0.949km인 C 코스를 답으로 적었고, 마법사 일행은 0.95km인 B 코스를 적었어요.

임금님은 각 일행이 쓴 답이 왜 정답인지 각자 설명해 보라고 했어요. 먼저 히들러가 자신만만하게 대답했지요.

"소수인 B 코스와 C 코스가 당연히 1km인 A 코스보다 짧은 길이겠지요. 이때 0.95는 소수 두 자리 수이고, 0.949는 소수 세 자리 수입니다. 그래서 자리 수가 더 작은 B 코스 0.95km를 선택했습니다. 어떻게 보면 수학은 가장 단순하다고 할 수 있죠. 그게 이 문제의 함정이 아닐까요? 하하하!"

그럴 듯해 보였어요. 장내는 일순 술렁이기 시작했지요.

"제가 이래 봬도 독일에서 수학깨나 하는 사람입니다. 이런 문제는 식은 죽 먹기죠!"

히들러는 정답을 확신한 듯 기고만장했어요.

"0.95km가 정답인가 봐."

"마법사가 이겼어……"

"우리는 어떡해? 마법사에게 앙갚음당할 거야!"

사람들은 동요하기 시작했어요.

"이럴 수가……, 여기에서 끝나다니! 앨런도 못 지키고…… 결국 연합군도 지고 말 거야!"

매씨마저도 패배를 직감한 듯 털썩 주저앉고 말았어요. 이때 앨런이 말했어요.

"계산을 빨리 한다고 수학을 잘하는 게 아니에요. 수학은 기초와 개념이 제일 중요합니다."

사람들은 모두 앨런을 쳐다봤어요. 한 줄기 희망의 빛이 내리는 것 같았지요.

"히들러의 주장은 소수의 개념을 전혀 모르고 하는 소리입니다. 자연수는 자릿수가 클수록 큰 수인 게 맞습니다. 그러나 소수는 소수점 밑으로 한 칸씩 이동할 때마다 $\frac{1}{10}$씩 작아지는 성질이 있습니다. 소수는 숫자가 많다고 큰 게 아니에요. 0.949는 비록 소수 세 자리 수이지만 소수 둘째 자리 숫자 4가 0.95의 소수 둘째자리 숫자 5보다 작기 때문에 0.949가 가장 작은 수입니다."

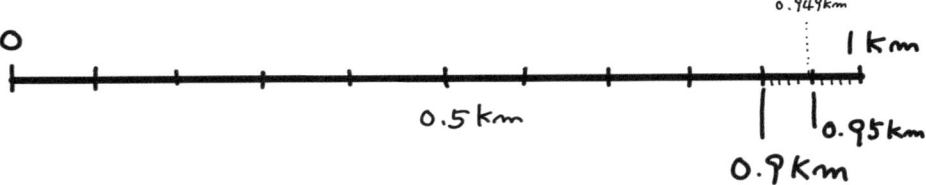

조용했던 장내가 이내 큰 함성으로 가득 차기 시작했어요.

"와!"

"맞아, 0.949가 정답이야!"

"나도 숫자가 많아서 0.949가 더 큰 수인 줄 알았어."

"소수는 자릿수가 크다고 큰 수가 아니라잖아. 소수점 뒤로 갈수록 크기가 $\frac{1}{10}$씩 작아진대."

"역시 앨런이야."

"우리는 살았다!"

눈을 감고 히들러와 앨런의 설명을 다 들은 임금님은 조용히 눈을 떴어요. 그리고 손가락으로 호날도 일행이 있는 방을 가리키며 큰 소리로 말했어요.

"정답은 앨런!"

정답과 동시에 호날도 일행이 있던 방의 쇠창살이 '철컹' 하고 열리며 모두 밖으로 나올 수 있었어요. 반대로 마법사와 히들러가 있는 방의 쇠창살은 꿈쩍하지 않았어요. 꼼짝없이 감옥에 갇히게 된 꼴이 되었어요. 농부들은 기쁨의 함성을 질렀어요. 마법사의 얼굴은 일그러질 대로 일그러졌지요.

"히들러, 당신 뭐야? 유명한 수학자라더니, 기초도 안 되어 있잖아? 당신만 믿고 있다가 쫄딱 망했어!"

마법사는 쇠창살을 부여잡고 안간힘을 다해 흔들었어요. 하지만 쇠창살은 꿈쩍도 안 했지요. 그 모습을 보고 임금님이 마법사를 엄하게 꾸짖었어요.

"이 천하의 나쁜 마법사야! 내가 익히 너의 악행을 듣고서 언젠가 혼을 내려고 했지만 기회가 없었다. 오늘에서야 너를 단죄하고 큰 벌을 내리겠다."

"임금님, 만세!"

"공주님, 만세!"

"카라바스 백작 만세!"

호날도 일행과 농부들은 너무나 기뻐서 만세를 외쳤어요.

"흥, 내가 그렇게 호락호락하게 당할 줄 알고!"

사람들이 기쁨에 들떠 어수선한 틈을 타 마법사는 어떻게든 쇠창살을 빠져나오기 위해 자신의 몸을 변신시켰어요.

"펑!"

마법사는 좁디좁은 쇠창살을 빠져나오기 위해 이번에는 생쥐로 변했어요. 그 모습을 지켜보던 호날도가 재빠르게 뛰어와 생쥐를 한입에 삼켜 버렸지요.
"꿀꺽!"

히들러는 이 모습을 보고 겁에 질려 나치에 구조 신호를 보냈어요. 그리고 4차원 공간을 통해 다시 미래로 달아났답니다.

"두고 보자, 앨런!"

마침내 평화가 찾아왔어요. 특히 마법사 때문에 괴로웠던 농부들은 행복과 자유를 되찾았지요.

"호날도, 이제 우리는 가 봐야겠어."

매씨가 호날도에게 악수를 청했어요. 개와 고양이가 손을 잡으니 그렇게 따뜻할 수가 없었지요. 처음 만났을 때에는 서로 못 잡아 먹을 듯이 싸웠는데, 막상 이별을 하려고 하니 서로의 눈에 눈물이 맺혔어요.

"매씨, 고마워. 널 잊지 못할 거야."

"호날도, 나도 너처럼 꾀 많은 친구는 처음이야. 수학 공부만 좀 하면 더 멋진 고양이가 될 거야."

"그래, 그래. 나도 수학이 얼마나 중요한지 많이 깨달았어. 열심히 공부할게!"

앨런과 매씨는 동화 나라 사람들의 배웅을 받으며 다시 4차원 공간을 통해 집으로 돌아갔어요.

무사히 집으로 돌아온 앨런은 공부를 열심히 했고, 최고의 수학자가 되어 나치의 암호를 해독해 제2차 세계 대전을 연합군의 승리로 이끌게 돼요.

한편, 카라바스, 아니 한스 백작은 공주와 결혼을 했답니다. 임금님이 세상을 떠난 뒤 한스가 동화 나라의 임금님이 됐어요. 그리고 장화 신은 고양이 호날도는 총리가 되어 한스가 백성들을 잘 보살필 수 있도록 도왔다고 합니다.

다음과 같은 순서로 0.95와 0.949의 크기를 비교해 봅시다.

① 자연수 부분의 크기를 비교해요.

② 자연수 부분의 수가 같으면 소수 첫째 자리 숫자의 크기를 비교해요.

③ 자연수 부분과 소수 첫째 자리의 숫자가 같으면 소수 둘째 자리 숫자의 크기를 비교해요.

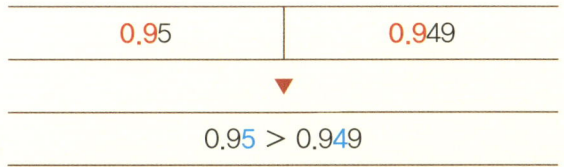

따라서 0.95가 0.949보다 큰 수예요.

내용 정리

소수의 크기 비교

보통 자연수는 자릿수가 클수록 수의 크기도 커져요. 예를 들어 두 자리 수 20은 한 자리 수 2의 10배로 큰 수이고, 세 자리 수 200은 20의 10배로 큰 수예요. 즉, 자연수는 왼쪽으로 한 자리씩 늘어날 때마다 자릿값이 10배씩 커지는 성질이 있어요.

이와 반대로 소수는 오른쪽으로 한 자리씩 늘어날 때마다 자릿값이 $\frac{1}{10}$배씩 작아져요. 그래서 소수는 소수점을 기준으로 왼쪽으로 가면 자릿값이 10배씩 커지고 오른쪽으로 가면 자릿값이 $\frac{1}{10}$배씩 작아지는 것이지요.

십의 자리	일의 자리	소수점	소수 첫째 자리	소수 둘째 자리	소수 셋째 자리
1	5	.	9	4	5
각 자리가 나타내는 수					
10	5	.	0.9	0.04	0.005
← 10배씩 커진다		.	$\frac{1}{10}$ 배씩 작아진다 →		
10의 자리	1의 자리	.	$\frac{1}{10}$의 자리	$\frac{1}{100}$의 자리	$\frac{1}{1000}$의 자리